LA FORTUNE

DES

D'ORLÉANS

PARIS

A. SAUTON, LIBRAIRE

41, RUE DU BAC, 41

1875

A SAUTON, libraire, 41, rue du Bac, à Paris.

TUÉ A SEDAN
LETTRES D'UN SOUS-LIEUTENANT
RECUEILLIES PAR UN AMI (ÉMILE BOISSIÈRE)

Précédées d'une lettre de M. GUIZOT et d'une préface de Jules JANIN

Deuxième édition. — Un vol. gr. in-8, texte encadré. — Prix : **4** fr.

« Paris, 11 juillet 1871.

« J'ai lu avec un vif intérêt, Monsieur, votre récit *Tué à Sedan!* il est vrai et touchant, sans affectation ni emphase. Je souhaite qu'il soit beaucoup lu en France et qu'il redouble nos regrets de Mulhouse.

« Recevez, avec mes remerciments, l'assurance de mes sentiments très-distingués.

« GUIZOT. »

BROUGHAM (lord). — *De la Démocratie et des Gouvernements mixtes*, traduit par L. RÉGIS, précédé d'une étude sur lord Brougham, par le vicomte D'HAUSSONVILLE. Un fort vol in-8. 8 fr.

PARIEU (E. de). — *Principes de la science politique.* Deuxième édition. Un beau vol. in-8. 7 fr. 50

PARIEU (E. de). — *La politique monétaire en France et en Allemagne.* In-8. 2 fr.

HERVÉ (E). — *Une page de l'histoire d'Angleterre.* — *Les Élections de 1868 et le Cabinet de Gladstone.* In-12. 3 fr. 50

COCHIN (A). — *Le Service de santé des armées avant et pendant le siège de Paris.* Un vol. in-18. 1 fr.

HAUSSONVILLE (le comte D'). — *La France et la Prusse devant l'Europe.* Deuxième édition. In-18. 50 c.

VITET (L.). — *Lettres sur le siège de Paris.*
    La collection des 7 lettres. 3 fr.
    Chaque lettre. 50 c.

BALCH (Ch.). — *Les Français dans la guerre de l'indépendance américaine.* Un beau volume in-8, avec portraits, planches et cartes. 7 fr. 50

AUDUBON. — *Scènes de la nature dans les États-Unis du nord de l'Amérique*, traduit de l'anglais par E. BAZIN. 2 vol. in-8. 15 fr.

Envoi FRANCO par la poste.

LA FORTUNE

DES

D'ORLÉANS

Peu de temps après la chute de Napoléon Ier, le concierge du Palais-Royal vit entrer un homme inconnu qui s'achemina, sans mot dire, vers le grand escalier, s'agenouilla et en baisa les marches. Il s'approcha, et lui dit :

« Qui donc êtes-vous ?

— Je suis le duc d'Orléans. »

D'où venait ce proscrit ? Quels événements terribles l'avaient arraché au berceau de sa race, jeté dans les armées révolutionnaires, dans la fumée de Valmy ; quels hasards l'avaient porté en Amérique, dans les solitudes du Mississipi, dans la retraite du général Washington, dans une petite vallée oubliée des Grisons, en Sicile, où une princesse, au cœur noble, consentait à épouser sa pauvreté en Angleterre ? Cette vie qui tient du roman appartient à l'histoire, car le jeune aide de camp de Dumouriez, le professeur de Reichenau, devait devenir Louis-Philippe Ier.

Demandons-nous seulement quelle était, en 1814, la

fortune de ce duc d'Orléans, qui revenait en France après les tempêtes de la révolution et de l'empire? Quels étaient ses droits, quelles revendications légitimes pouvait-il élever? Car la calomnie substitue volontiers à l'histoire des légendes mensongères, qui descendent trop facilement dans la mémoire du peuple. Et ce sont précisément ceux qui sont tout prêts à traiter la France en pays conquis, à la mettre au pillage, qui travaillent sans relâche à représenter les descendants d'une race dont l'histoire a été depuis tant de siècles confondue avec l'histoire de la France, comme des hommes qui n'ont jamais songé qu'à bâtir leur fortune particulière sur les ruines de la fortune publique.

Nous sommes presque honteux, pour notre pays, de la triste obligation où l'on s'est trouvé de défendre, au profit des princes, les droits sacrés et éternels de la propriété, droits dont la conservation importe autant au paysan qui ouvre péniblement son sillon et qui demande à la semence un fruit, qu'au riche capitaliste qui accorde ou refuse à son gré le crédit aux plus grands empires. Il y a d'autres ennemis de la propriété que ceux qui vont, la flamme à la main, brûler les monuments d'une capitale, que ces contempteurs audacieux qui, établis dans un pouvoir sans contrôle, spéculent à leur gré sur l'ignorance ou la crédulité de la nation, fournisseurs des armées qui ne fournissent rien, escrocs de toute taille et de toute lignée; il y a les niais et les envieux qui n'appliquent plus les mêmes règles aux grandes et aux petites fortunes, qui veulent bien qu'on défende avec bec et ongles les droits de la petite propriété, mais qui volontiers se figurent que la grande propriété est en soi coupable, qu'elle est en dehors du droit commun. Malheur au pays où cette inégalité d'une nouvelle sorte s'introduit dans les mœurs! où il semble naturel qu'on puisse spolier un riche, à ceux qui ne se laisseraient arracher leurs deniers qu'avec leur sang; où il semble qu'il y ait deux justices différentes, l'une pour les grands, l'autre pour les petits. Où le million perd ses droits, le franc ne garde pas longtemps les siens.

Après les premières émotions de son retour, il est assez naturel que le duc d'Orléans ait cherché à se rendre compte de l'état de ses affaires, dans ce pays où il retrouvait non-seulement ses droits de citoyen, mais son rang de prince du sang.

Son père était mort sur l'échafaud : que lui avait-il laissé? Son apanage, c'est-à-dire cet espèce de lot que que l'ancien régime constituait pour les enfants puînés des rois, ou pour leurs frères (indemnité qui leur était due, puisque tout le patrimoine des rois devait être par le fait même de leur avénement au trône, réuni au domaine de l'état), l'apanage d'Orléans, avait été confisqué; ses biens patrimoniaux, qu'il faut bien distinguer de l'apanage, avaient été confisqués également.

Dès la première heure où l'ancienne monarchie était substituée à l'empire, le droit monarchique reprenait toute sa force; l'apanage d'Orléans rentrait nécessairement en 1814 entre les mains de celui qui était le duc d'Orléans. La restitution fut faite par ordonnance royale de Louis XVIII, confirmée par les lois du 5 décembre 1814, et du 15 janvier 1825. L'apanage d'Orléans resta et ne pouvait pas ne pas rester dans la maison d'Orléans jusqu'en 1830 Mais qu'étaient-ce que ces biens patrimoniaux que Louis-Philippe retrouvait en 1814? M. Bocher l'a expliqué à l'Assemblée nationale avec une admirable clarté (séances du 23 et du 24 novembre 1872). Il a montré le père de Louis-Philippe endetté la veille de la révolution, obligé, en 1792, de faire un concordat avec ses créanciers. La Convention fit l'inventaire de sa fortune. D'après cet inventaire, l'actif était de cent quatorze millions, le passif de soixante-quatorze millions. La révolution acquitta seulement quarante-quatre millions de ce passif. L'actif de cent-quatorze millions se fondit si bien entre les mains de l'État qu'en 1814, le domaine ne possédait plus que douze millions d'immeubles invendus.

Calculez bien : on offrait au duc d'Orléans douze millions, tout ce qui restait de l'énorme actif de cent quatorze millions, quelque chose comme 10 pour 100 de la fortune qui lui serait revenue dans des temps réguliers ; et d'autre part l'État remettait à sa charge trente millions de dettes qu'il n'avait pas payées.

Louis-Philippe, qu'on a si souvent représenté comme avare et cupide, accepte pourtant ce fardeau : trente millions de dettes, douze millions d'actif en immeubles.

Il se mit à l'œuvre, en honnête homme, en homme d'affaires, avec sa vaillante sœur Madame Adélaïde, et il fit honneur à tous les engagements paternels.

D'autres l'auraient fait en fouillant dans les coffres de l'État; ils auraient trouvé des procédés ingénieux pour tirer parti des forces nouvelles de la spéculation. Louis-Philippe était un homme de la vieille roche : il avait vu les pays où le crédit a donné des ailes aux capitaux, il en connaissait la force et l'utilité ; pour lui, il croyait surtout à la terre française, il croyait à l'épargne, il croyait à l'économie. Et qui osera l'en blâmer? C'est l'épargne, c'est l'esprit d'économie de nos paysans qui ont payé la rançon de la France en 1870; les fausses splendeurs de nos manieurs d'argent ne sont que l'éclat extérieur de la richesse française. Cette richesse est dans nos bras, dans nos sillons, dans nos bois, dans la fumée de nos usines.

Le duc d'Orléans, malgré toutes les insultes que la fortune avait faites à sa race antique, ne la traitait pas comme un aventurier; il économisa pour payer les dettes de son père. Étonnez-vous de ce trait vulgaire, gens qui pillez la fortune de vos pères et celle de vos femmes, qui vous montrez généreux avec l'argent des autres, et qui faites des libéralités à quelques-uns aux dépens de tout le monde.

Sur quoi ces économies pouvaient-elles se faire? D'une part sur les revenus de l'apanage qui avait été rendu au duc d'Orléans; en second lieu sur ses biens matrimoniaux.

On connaît très-mal, dans le public, l'origine de ces biens matrimoniaux; la malveillance et l'ignorance confondent toutes choses: les biens que Louis-Philippe tenait de sa mère n'avaient rien de commun avec un apanage, ils n'avaient aucun caractère d'exception; la duchesse d'Orléans, sa mère, les tenait du duc de Penthièvre, celui que ses vertus avaient fait nommer le bon duc, qui les tenait d'un comte d'Eu, son cousin germain, qui les tenait du prince de Dombes, son frère aîné, qui les tenait du duc du Maine, qui en avait reçu la donation de la grande Mademoiselle, qui les tenait de sa mère, Marie de Montpensier, femme de Gaston d'Orléans, le frère de Louis XIII; la femme de Gaston les tenait de Henri de Montpensier, l'héritier de la branche des Bourbons dite Bourbon-Montpensier. Comment des professeurs d'histoire, des faiseurs de conférences, des journalistes sérieux s'y sont-ils pris pour trouver dans ces transmissions naturelles le caprice des volontés royales? Rien ne fut pris à l'État, à aucun moment, pour constituer ce qui devait devenir la fortune matrimoniale de Louis-Philippe. Cette fortune avait tous les caractères d'une fortune privée : elle reposait sur des titres en tout point semblables à ceux qui assurent au moindre laboureur la possession paisible de sa chaumière et de son champ. Voici donc Louis-Philippe, en 1814, remis en possession de son apanage, acceptant l'onéreuse charge de la succession paternelle et n'ayant d'autres ressources pour payer les dettes que la Convention s'était engagée à payer, que la fortune de sa mère et les ressources de l'apanage; bien que la Révolution eût pris cent quatorze millions à son père et que l'État ne fût en mesure de lui rendre que douze millions d'immeubles, grevés de trente millions de dettes impayées, il ne reçut aucune indemnité pour les biens paternels qu'il avait perdus; pour la succession maternelle, il fut, ainsi que sa sœur, traité sur le même pied que les autres émigrés; ils reçurent ensemble sept millions six cent mille francs.

La Révolution de 1830 arrive : l'ancien ordre monarchique est encore une fois ébranlé; que va faire le nouveau roi?

L'apanage d'Orléans rentre immédiatement dans le domaine de l'État, tout comme si la couronne s'était posée sur sa tête en vertu de l'ancien droit monarchique. Cet apanage est à jamais perdu pour lui et pour ses enfants, bien que le trône soit environné de périls et l'avenir gros de révolutions.

La loi du 2 mars 1832 constitue la liste civile du nouveau règne ; elle supprime les apanages ; mais par ce fait même, elle reconnaît au souverain le droit d'avoir un domaine privé, une fortune personnelle. Il eût été par trop inique d'empêcher le souverain de constituer des apanages, de donner aux chambres le droit d'accorder ou de refuser à leur gré des dotations à ses enfants, et de lui défendre en même temps de constituer un domaine propre, soumis aux règles du droit commun.

Ce domaine privé fut respecté par les révolutionnaires de 1848 ; il fut mis sous séquestre, mais ne fut pas confisqué. Il était réservé à l'Empire de mettre la main sur la fortune particulière du roi Louis-Philippe ; tout a été dit sur les décrets du 22 janvier 1852. « C'est le premier vol de l'aigle, » s'écrie en les lisant M. Dupin. La conscience publique se souleva contre les décrets ; des serviteurs éminents du nouveau régime eurent le courage de s'en indigner. L'auteur des décrets, non content de dépouiller les princes d'Orléans essaye d'outrager la mémoire du roi qui lui avait fait grâce de la vie. Il lui était facile à lui de confondre la fortune privée et la fortune publique, et il n'y avait pas grande générosité de sa part à déclarer qu'en montant sur le trône un souverain doit se dépouiller au profit de l'État de tout ce qu'il possède et à quelque titre qu'il le possède.

Nous n'insisterons pas sur ce point ; la confiscation de 1852 a été réprouvée par tout le monde et n'a jamais trouvé un défenseur sérieux. On a pourtant cherché à égarer l'opinion en exagérant outre mesure cette fortune personnelle du roi, comme pour en étouffer la légitimité dans l'énormité. On a parlé de sommes fabuleuses ; la vérité est pourtant bien facile à connaître. Prenons-la de la bouche même du spoliateur. Les états officiels de l'administration démontrent que l'empire s'est approprié en 1852 une somme qu'il évaluait lui-même à quatre-vingts millions. L'État devait, en outre, à la succession du roi, une somme de quinze millions, créance résultant de l'exécution de la loi du 2 mars 1852 et admise par le compte général du liquidateur de la liste civile, l'honorable M. Vavin.

L'État solde un emprunt de vingt millions, réalisé pour le payement des dettes du roi Louis-Philippe. « Ce roi avare, ce roi thésauriseur », a bien dit M. Bocher ; ce qu'il a amassé pendant dix-huit ans de règne, ce n'étaient pas des richesses, mais des dettes. Il avait laissé, en quittant la France, près de quarante millions à payer. Et pourquoi cette charge énorme ? Où en était l'origine et la cause ? Était-elle la faute du désordre ou de la passion ? Avait-elle été contractée dans l'intérêt du père de famille, pour accroître son domaine, l'héritage de ses enfants ? Oh ! non ; elle était le prix de nobles et généreuses dépenses. Toutes ces sommes avaient été employées au profit de la nation et dans l'intérêt de sa grandeur ! Elles avaient relevé, enrichi ses monuments, ses palais, ses musées ! Meudon, Saint-Cloud, Pau, Fontainebleau, Versailles, voilà les grands travaux de la liste civile qui ont grevé le domaine privé, la fortune particulière du prince. Cette fortune particuculière, confisquée au profit de l'État et évaluée par lui à vingt millions, en quoi consistait-elle principalement? Était-elle de nature à assurer des revenus énormes? Non, elle consistait, pour la plus grande part, en domaines de luxe, en châteaux, en propriétés de très-faibles revenus, ou improductives comme Monceaux, Neuilly. L'empire, pour battre monnaie avec les biens confisqués, dut les couper, les morceler. Il en vendit près de la moitié. » A quoi donc se réduisait, au moment où l'empire croulait à Sedan, cette fortune confisquée pour laquelle on avait en vain cherché de nobles emplois, car l'armée, le clergé, ne voulurent jamais toucher aux dépouilles des d'Orléans?

Cette fortune, autour de laquelle la littérature officielle impériale avait bâti tout un échafaudage de mensonges, qui devait éternellement solder la révolution, qui était un danger permanent pour l'État dans les mains de ses maîtres légitimes, elle se trouvait réduite de quatre-vingts à quarante-cinq millions (chiffre officiel fourni à l'Assemblée nationale par le ministre des finances).

Et quel était le revenu de ces quarante-cinq millions consolidés en châteaux, parcs, forêts? Ce revenu est évalué à un million deux cent mille francs environ. Et qui va jouir de ce revenu? Il y a aujourd'hui cinquante-deux descendants directs du roi Louis-Philippe, répartis sur huit branches d'héritiers. Le revenu de chaque branche est de cent cinquante mille francs. Dans la branche du duc de Nemours, il y a quatre enfants, dans la branche du duc d'Orléans, il faut compter le comte de Paris qui a trois enfants et le duc de Chartres qui en a quatre. Y a-t-il un homme, au cœur vraiment français, qui refuserait dans son cœur un revenu aussi modeste, quand on le compare à nos grandes fortunes industrielles et commerciales, aux derniers descendants d'une famille qui a si longtemps régné sur notre pays, et qui n'a pas peu contribué à sa grandeur et sa gloire? Et songez que ce revenu n'est pas un don, une dotation, c'est leur bien ; cette fortune est à eux, comme ce qui reste à un homme dont on a pillé la demeure ; l'ennemi est venu, il n'a laissé que les murs : qui va lui disputer ces murailles? Je le sais, personne ne conteste les droits des princes d'Orléans ; dans l'Assemblée nationale, ceux qui ont essayé non pas d'empêcher, mais d'entraver l'œuvre de la réparation, n'ont pas entrepris de défendre les odieux décrets de confiscation; ils ont simplement parlé de laisser aux tribunaux le soin de faire ce que l'Assemblée souveraine, substituée au souverain déchu, voulait faire elle-même. Ils prétendaient condamner les princes à aller de tribunal en tribunal, quêter les lambeaux épars de la fortune patrimoniale.

L'Assemblée a compris qu'il appartenait à la France, parlant par sa voix, de défaire en un jour ce qu'un souverain de la France avait fait en un jour; elle a répondu noblement à la noble générosité des princes qui faisaient abandon sans hésiter, sans marchander, de tous ceux de leurs biens que l'État avait aliénés et qui sont détenus aujourd'hui par des particuliers. Car, on ne saurait l'oublier, d'un trait de plume, ils ont donné quittance à l'État d'une somme de trente-cinq millions.

Ce qui restait, les quarante-cinq millions de biens invendus, comment pouvait-on hésiter un instant à les rendre? La malveillance la plus perfide ne réussit pas à jeter le moindre nuage sur leurs droits : les revendications étaient légitimes, on ne put qu'en contester l'opportunité. Discutons-la pour finir, cette question de l'opportunité. Quoi! murmuraient dans l'oreille du peuple les ennemis des princes, c'est au moment où l'ennemi est sur le sol français, quand il arrache à la France une rançon énorme, que les princes viennent demander au pays des sacrifices! Mais, d'abord, que fut-il demandé en leur nom? De l'argent? Non; pas un franc, pas un centime, seulement des maisons, des champs, des bois, que l'État avait été contraint de détenir par un souverain absolu.

Ces terres, ces bois, rapportaient quelque chose, dira-t-on, et ce quelque chose du moins était perdu pour l'État. Nous avons dit ce qu'était ce revenu : un peu plus d'un million. Sérieusement, était-ce là un sacrifice onéreux pour un pays qui trouvait cinq milliards avec une facilité qui l'étonne lui-même et qui étonne le monde, pour un pays dont le budget s'élève à deux milliards et demi?

Vous, qui faites ce reproche aux princes, qu'avez-vous donc mis sur l'autel de la patrie? Quoi! l'État trouvait de quoi achever l'Opéra, cette image en pierre du régime déchu, et il eût hésité à remettre les princes d'Orléans en possession de leurs biens? L'État, d'ailleurs, a une comptabilité, il a des comptes, un budget. Dans le budget des recettes figurait, pendant l'empire, avec le prix des terres confisquées et vendues, le revenu des terres confisquées non vendues. L'Assemblée nationale, chargée de relever la France, de lui rendre l'honneur, de fonder ses institutions, de faire pénétrer un contrôle sévère dans toutes les administrations publiques, de nettoyer, en un mot, les étables d'Augias, pouvait-elle commencer sa grande œuvre en conservant, parmi les recettes de l'État, des recettes qu'elle regardait elle-même comme le fruit d'une injustice, disons le mot, d'un vol? Cela ne se pouvait pas.

La nécessité de voter le budget, entraînait, que les princes le voulussent ou non, la nécessité de revenir sur l'œuvre de confiscation de 1852. Tout honnête homme le comprendra. Il n'y avait plus là une question d'argent, il y avait une question d'honneur; il ne s'agissait plus de la fortune des d'Orléans, il s'agissait du renom du peuple français. Garder chez soi ce qui est le produit d'une spoliation, c'est descendre au rôle de recéleur; user pour soi de ce produit, c'est devenir spoliateur à son tour.

Et maintenant nous ne dirons plus qu'un mot : la morale publique a été comme aveuglée pendant de longues années, les notions du juste et de l'injuste se sont confondues dans beaucoup d'esprits. Ce n'est pas assez de refaire une armée, une diplomatie, des finances, il faut refaire la conscience de toute une génération malheureuse. Qu'on fouille la vie de ces princes qui sont revenus prendre leur place dans leur pays. On n'y trouvera rien que de conforme aux lois de la probité la plus sévère, de la délicatesse la plus chevaleresque. Critiquez tant que vous voudrez leur politique; honnêtes, tout le monde sait qu'ils le sont. Cette honnêteté est dans leur sang, elle forme autour d'eux comme une auréole. Longtemps la nation a paru en tirer gloire; elle n'a pu être corrompue jusque dans sa moelle par des exemples néfastes. Elle est restée saine, et elle repoussera avec dédain ceux qui voudraient lui faire croire qu'en se montrant juste elle a été niaise, qu'en rendant à d'honnêtes gens les débris de leur fortune, elle a commis une faute. Elle saura quel emploi ces proscrits d'hier font de leurs biens, et que leur oreille n'est jamais fermée au cri du malheur. Que des bouches vénales leur jettent l'injure; d'autres bouches diront un jour ce qu'ils font du trésor paternel. Du trésor matériel, il ne reste plus que des débris; il en est un autre qui est toujours intact et que nulle confiscation n'a pu atteindre, c'est celui de la probité et de la noblesse morale.

PARIS. — TYPOGRAPHIE LAHURE
Rue de Fleurus, 9

www.ingramcontent.com/pod-product-compliance
Lightning Source LLC
Chambersburg PA
CBHW061959070426
42450CB00009BB/2379